GLOBAL MISSION BIBLE STUDY❶
이동원 목사 지음

KB248983

새 생명을 위하여

복음이란 무엇인가?

사망에서 생명으로

영생 얻은 증거

성경이 열릴 때

왜 기도해야 하는가?

새벽 오히려 미명에

성도가 죄를 범할 때

도서
출판 나침반사

「새생명」의 향연에로 초대합니다.

현대는 구도(求道)의 정신을 상실한 시대라 일컫습니다.
이런 시대에 구도자의 존재는 얼마나 신선한 충격인지요.
성경은 '구하면 주실것이고 찾으면 찾으리라' 고 약속합니다.
주께서는 "내게 오는 자는 내가 결코 쫓지 아니하리라"고
말씀하십니다. 그리고 그분께로 나아오는 모든 자를 위하여
그분은 새생명의 향연을 준비하십니다.

이 작은 책자는 당신의 구도를 돕고 그리스도안에서
새 삶을 경험하실 수 있도록 기획된 것입니다.
짤막한 몇과의 연구를 통해 당신은 기독교의 기본(basic)이 되는
진리들을 접하시게 됩니다. 그리고
이 진리를 끌어 안고 일어서서 새 생활을 향해 나아가실 수
있도록 돕고자 하는 것입니다.

겸허한 구도자 혹은 순례자의 마음으로 성경을 찾아 읽으시며
이 책의 안내를 따라 사신다면 어느 새 당신은
새 생명 안에서 행하시는 스스로의 모습을 보고
놀라워하실 것입니다.
이 놀라움의 향연에로 당신을 초대합니다.
부디 성실한 연구가 되시도록
성령님의 도우심을 기도하는 바입니다.

주후 1996년 여름

이동원 드림

1

복음이란 무엇인가?

고린도전서 15:1~8

암송요절 예수는 우리 _____ 을 위하여 내어줌(십자가
에서 죽으심)이 되고 또한 우리를 _____ 하심을 위하여
살아나셨느니라"(로마서 4장 25절).

복음(gospel)이란 문자 그대로 "기쁜 소식"(good
news)을 의미합니다. 우리는 이 세상에 사는
동안 여러 가지 소식들을 접하게 됩니다. 이런 소식들
가운데는 슬픔의 소식도 있고, 기쁨의 소식도 있습니
다. 우리는 슬픔의 소식 까닭에 낙담과 절망을 경험하
기도 하지만 또한 기쁨의 소식 까닭에 의욕과 소망을
얻기도 합니다.

잠시, 기쁨의 모든 소식이 단절된 세상을 상상해 보
십시오. 기쁨의 소식이야말로 우리의 삶의 능력이요,
보람이라고 할 수 있습니다. 그러나 우리가 이 세상에
서 경험하는 모든 기쁨의 소식들에는 한 가지 공통점
이 존재하는데 그것은 이런 유형의 기쁨들이 모두 ___
___(temporal)이라는 사실입니다. 이 세상은 결코 참
되고 영원한 기쁨을 제공할 수 없습니다.

성경은 우리를 영원히 행복하게 할 수 있는 기쁨의

소식은 하나님께서 그 외아들 _____를 이 세상에
보내 주신 사건 안에서만 발견될 수 있다고 가르치고
있습니다. 그래서 일찍이 천사들은 목자들에게 예수
그리스도의 이 땅에 오심을 예고하며 이르기를 이 소
식은 "_____에게 미칠 _____기쁨의 좋은 소식"
(누가복음 2장 10,11절)이라고 말한 것입니다.

복음의 핵심은 무엇인가?

복된 소식의 핵심은 한마디로 죄인 되었던 우리가 예
수 믿고 _____을 얻는 것입니다. 본문에서 바울 사
도가 고린도교회 교우에게 전한 복음(1절), 그들이 받
기를 소원했던 복음(1절)은, 그들이 바울이 전했던 복
음의 말씀을 믿음으로써 _____을 얻으리라는 사실
이었습니다(2절).

우리말 성경에서는 2절에 "구원을 얻으리라"는 말씀
이 미래형으로 번역되어 있으나, 본래는 지금 여기에
서 (현재형) 우리가 구원을 얻는다는 의미로 씌어졌습
니다. 옳습니다. 우리가 지금 여기에서 이 순간 구원을
얻을 수 있다는 사실이야말로 복음이 아니겠습니까!

그러나 우리가 "구원"의 참뜻을 이해하기 위해서는
성경에서의 구원이 "…으로부터의(from what) 구원"
인가를 알아야만 합니다. 마태복음 1장 21절을 보면
천사는 예수 탄생의 소식을 요셉에게 예고하며 "그(예
수)가 자기 백성을 저희 _____에서 구원할 자이심

이라"고 증거합니다. 복음은 이 죄의 결과인 하나님의 진노에서 놓여나 우리가 그의 사랑받는 자녀가 될 수 있다는 소식입니다.

"탕자의 복음"(누가복음 15장)은 아버지께서 그 아들의 죄를 용서하시고 그를 아들로 받아 주신다는 사실이었습니다. 돌아온 탕자가 아버지의 품에 안겨 조건없이 그를 용서하신 아버지의 사랑을 확인하고 그의 아들로 지위가 회복됨을 경험했을 때의 기쁨, 이것이 바로 구원의 기쁨입니다. 죄인을 위한 복음은 죄인 되었던 우리가 하나님의 아들이신 예수 그리스도의 중재(仲裁)로 죄 사함을 받고 하나님의 백성됨(아들 됨)의 자리를 회복한 사실일 것입니다. 그러므로 복음은 "누구든지 _____의 이름을 부르는 자는 _____을 얻으리라"(로마서 10장 13절)는 소식입니다.

> **질문 1** 신명기 33장 29절 말씀에 당신의 이름을 넣어 소리내어 읽어 보시고 그 소감을 기록해 보십시오.
> "_____(당신의 이름)이여, 너는 행복자로다 여호와의 구원을 너같이 얻은 백성이 누구뇨."
> 소감

복음의 사건이란 무엇인가?

복음의 사건이란 우리의 구원을 가능케 한 역사적 사건을 일컫습니다. 이 복음의 사건은 다름아닌 "십자가의 사건"이요, 곧 예수 그리스도의 _____과 _____의 사건인 것입니다. 이 사건은 실로 성경 전체의 단일 주제요, 구약 예언의 최대 초점입니다. 본문에서 바울 사도는 그리스도께서 "_____" 우리를 위하여 죽으시고 "_____" 우리를 위하여 사흘만에 다시 살아나셨다고 증언합니다(3,4절 참조).

그리스도는 왜 십자가에서 죽으셔야만 했습니까? 바울 사도는 그가 우리 _____를 위하여 죽으셨다(3절)고 말합니다. 그는 실로 인류 최대의 숙제인 죄 문제의 해결을 위해 십자가에서 죽으신 것입니다. 구약성경은 이 사건에 대하여 예언하기를 "그가 찔림은 우리의 _____을 인함이요, 그가 상함은 우리의 _____을 인함이라"(이사야서 53장 5절)고 했습니다.

우리는 우리 자신의 허물과 죄악 때문에 영적으로 하나님에게서 단절되었는데(에베소서 2장 1절) 예수 그리스도께서 하나님과 인간 사이에 화해의 중보자(디모데전서 2장 5절)로 오셔서 우리의 죄를 대신 담당하고 돌아가셨습니다. 이로써 우리는 용서받은 자가 되어 하나님께 나아갈 수 있게 되었습니다.

그런데 바울 사도가 복음의 사건은 예수 그리스도의 죽으심 뿐만 아니라 예수 그리스도의 부활이라고 말하는 이유는 어디에 있습니까? 바울 사도는 로마서 4장 25절에서 예수 그리스도의 죽으심은 우리 죄 문제의 해결을 위한 것이었으나, 우리의 "_____하심"(새로

운 삶의 자리)을 위하여 그분이 다시 사셔야만 했다고
증거합니다.

감옥의 수인(囚人)에게 사면과 출옥은 분명한 복음이
지만 그에게 출옥한 후 새로운 삶의 자리가 보장되지
못한다면 그 복음은 아직 완전한 것이 못 됩니다. 예수
는 우리를 용서하셨을 뿐 아니라(출옥), 새로운 삶을
살 수 있도록 우리를 돕고자 하셨습니다. 여기에 메시
야 부활의 필요성이 있으며, 이것은 이미 구약성경에
서 부터 예언된 것이었습니다. 예컨대 구약 시대 명절
의 하나인 초실절에 이스라엘 백성들이 처음 익은 새
생명의 열매를 감사함으로 주(主)께 드리던 사건은 바
로 예수 그리스도의 부활 사건을 예표(豫表)했던 것입
니다(고린도전서 15장 20절).

그리스도가 다시 사심으로 우리는 영적으로 다시 살
고(에베소서 2장 1절) 육체적으로도 다시 삶의 보장을
얻게 되었습니다(요한복음 11장 25,26절). 이를 위해
이루어진 예수 그리스도의 부활은 바울 사도를 위시하
여 당시에 허다한 증인들이 목격한 역사적 사건이었습
니다(고린도전서 15장 5 8절).

질문 2 예수 그리스도의 부활 사건을 믿지 않고도 그리스
도인이 될 수 있는지에 대하여 로마서 10장 9절의 말씀을
읽고 대답하십시오(아니라면 그 이유는 무엇때문일까요?).

대답

복음에 대한 우리의 반응은 어떠해야 하는가?

본문에서 복음에 대한 사람들의 반응은 대체로 네 가지로 요약되어 나타납니다. 즉, 복음을 받아들였고, 복음을 믿었고, 복음 안에 서서 복음을 지켰으며, 복음을 전했습니다. 이것을 다음과 같은 단계로 적용하여 차례대로 살펴보겠습니다.

첫째로, 복음을 들어야 합니다.
복음은 우리가 복음의 소식을 받기 전까지는 복음일 수 없습니다. 마치 내게 주어진 선물을 내가 거절하면 그 선물은 나를 위한 선물일 수 없는 것과 같습니다. 우리는 복음의 소식을 들을 때 이 선물을 제공받게 되는 것입니다.
●당신은 복음의 소식을 확실히 들어보셨는지요?
(예 / 아니오)

둘째로, 복음을 믿어야 합니다.
오늘 우리 시대에는 믿음의 내용이 없는 믿음이 강조되고 있습니다. 그러나 믿음의 대상이 없는 믿음은 우리를 오도(誤導)할 수도 있습니다. 무엇을 믿느냐가 중요합니다. 참된 성경적 믿음은 우리 죄를 위하여 십자가에서 돌아가시고 다시 사신 그리스도에 대한 믿음이어야 합니다. 이 믿음만이 우리를 구원할 수 있습니다. 이것이 바로 복음을 믿는 것입니다.
●당신은 복음을 분명히 이해하고 믿으십니까?
(예 / 아니오)

셋째로, **복음을 확신해야 합니다.**

복음 안에 굳게 선다는 말은 복음을 확신하는 것을 의미합니다. 우리는 단지 복음을 믿을 뿐 아니라 복음을 확신해야 합니다. 그리고 이 복음을 소중히 지켜야 합니다. 위대한 자산은 소중히 지켜야 마땅합니다. 그러면 그 자산은 또한 우리 삶의 명예요, 자랑이요, 능력이 될 것입니다.

● 당신도 복음의 확신을 갖고 계십니까?

（예 / 아니오）

넷째로, **복음을 전해야 합니다.**

나의 삶을 구원하고 변화시킨 복음이라면 이 복음은 당연히 우리의 이웃들에게 증거되어야 합니다. 만일 어떤 그리스도인에게 복음 전도의 부담이 없다면 그는 복음을 참으로 받아들인 자인가 심각하게 의심해 볼 필요가 있습니다. 바울도 그가 이 복음을 전하지 아니하면 자신에게가 "_____"가 있을 것(고린도전서 9장 16절)이라고 말합니다.

● 당신은 이 복음을 전하며 살아가고 계십니까?

（예 / 아니오）

질문 3	복음에 대한 당신의 반응은 어디까지 왔습니까(V표해 보십시오)?

( )	( )	( )	( )
▲	▲	▲	▲
들음	믿음	확신함	전함

마무리 질문

복음에 대한 당신의 반응이 진보되기 위하여 당신이 할 일은 무엇이라고 생각하십니까? 기록해 보십시오.

 금주의 과제

1. 요절을 암송하십시오.

2. 제 1과 "복음이란 무엇인가?"를 복습하며 감동되었던 점들을 기록해 보십시오.

3. 다음 과를 예습하십시오.

　　* 읽으면 큰 도움이 될 참고도서-기독교의 기본진리(존 스토트 저, 생명의 말씀사 간행) 제 7장.

"내가 철학을 전파하였더니 사람들은 칭찬하였다.
그러나 내가 그리스도를 전파하였더니 사람들은 회개하였다."
- A.P. 깁스 -

2

사망에서 생명으로

창세기 5:1~5, 마태복음 1:1~17

암송요절 "내가 진실로 진실로 너희에게 이르노니 내 말을 _____ 또 나 보내신 이를 믿는 자는 영생을 얻었고 심판에 이르지 아니하나니 _____에서 _____ 으로 옮겼느니라"(요한복음 5장 24절).

미국의 한 코미디언은 "이 세상을 살아가면서 우리가 결코 피할 수 없는 두 가지가 있는데 하나는 세금 내는 일이고 또 하나는 죽는 일"이라고 말했습니다.

이 세상에서 죽음보다 정확한 통계치를 가진 사건은 또 없을 것입니다. 한 명 중 한 명은 반드시 죽습니다.

그런데 성경은 우리가 통속적으로 일컫는 죽음(육체적 사망) 외에 또 하나의 죽음, 곧 "죽음 다음에 오는 죽음"에 대하여 말하고 있습니다. 성경은 이 죽음을 가리켜 "_____ 사망"(요한계시록 2장 11절/21장 8절) 혹은 "영원한 사망"이라고 부르고 있습니다.

"영원한 사망"이란 인간이 죄로 말미암아 거룩하신 창조주 하나님에게서 영원히 분리되어 죄의 대가로 하나님의 진노를 경험해야 하는 두려움의 상태를 뜻합니다. 이런 상태를 우리는 다른 말로 "_____"이라고 일컬어 왔습니다. 그런데 성경은 우리가 이 같은 영원한 사망에서 영원한 생명에로 옮겨질 수 있다고 말합니다. 이것이 사실이라면 이것이야말로 "————"(Good News)이 아니겠습니까?

우리는 지난 과에 이어 이 복음의 의미를 확인하기 위해 먼저 성경이 증언하는 두 개의 족보에 관심을 가질 필요가 있습니다.

사망의 족보(책)

첫째 족보는 창세기 5장에 등장하는 ———— 의 족보(1절)입니다. 이 족보에 가장 빈번하게 등장하는 단어가 있다면 "————"라는 말입니다. 역사의 처음에 살았던 사람들이 얼마나 오래 살았든 그들의 결국은 죽음이었습니다. "세계의 모든 길은 로마로 통한다"는 격언처럼 인생의 모든 길은 죽음으로 가는 길이라 할 수 있습니다.

바울 사도는 이 죽음이 "한 사람 _____ 으로 말미암아 _____ 사람에게 이르렀다"(로마서 5장 12절)고 말합니다. 결국 이 족보는 죄인의 족보요, 죽음의 족보인 것입니다. 불행한 사실은 누구도 이 족보에서 예외일 수 없는 자로 태어난다는 것입니다.

생명의 족보(책)

둘째 족보는 마태복음 1장에 등장하는 _____ 의

족보(1절)입니다. 이 족보에 가장 빈번하게 등장하는 단어가 있다면 "_____"라는 말입니다. 이것은 이 족보의 성격을 단적으로 드러내고 있습니다.

이 족보는 생명의 책입니다. 그리고 이 생명은 이 족보의 주인이신 _____로 말미암은 것입니다. 바울 사도는 "한 분 _____로 말미암아 _____ 안에서 하리로다"(로마서 5장 17절)라고 증언하고 있습니다. 아담이 인류에게 _____을 가져왔다면, 예수 그리스도는 인류에게 _____을 가져온 것입니다. 그는 "내가 온 것은 내 양으로 _____을 얻게 하고 더 _____ 얻게 하려는 것"(요한복음 10장 10절)이라고 말했습니다.

복된 소식은 누구나 그분 앞에 나아가 생명을 선물로 받을 수 있다는 사실입니다. 그분은 육체적 죽음에 대한 해답으로 _____(육적 생명)을 약속하시고, 영적으로 죽어 있는 인류에게 영적 죽음에 대한 해답으로 _____(영적 생명)을 약속하셨습니다(요한복음 11장 25,26절).

심판대에 펼쳐진 두 가지 종류의 책

요한계시록 20장 11 15절을 보면 마지막 흰보좌 앞에서의 인류 최후 심판 자리에 두 가지 종류의 책이 펼쳐져 있음을 알 수 있습니다. 12절에 보면 보좌 앞에 "책들"이 펴 있고 또다른 책(단수)이 있었는데 그 책의 이름은 "생명책"이라고 했습니다. 그렇다면 책들의 정

체는 생명책과 대조를 이루는 _____ 의 책들임에
틀림이 없습니다. 이 책들에 기록된 자들은 _____를
따라 심판을 받는다고 증언되어 있습니다(12절).

그렇다면 이 마지막 심판대 앞에서의 가장 중요한 물
음이 있다면 우리들의 이름이 _____에 기록되어 있
느냐는 사실인 것입니다.

"누구든지 _____에 기록되지 못한 자는 _____에
던지우더라"(15절).

질문 1 다음 말씀들을 읽고 우리가 생명책에 대하여 알 수
있는 것들은 무엇인가를 기록해 보십시오.

누가복음 10장 20절:

빌립보서 4장 3절:

요한계시록 13장 8절:

사망에서 생명으로

사망의 족보에 기록되어 있던 내 이름에 어느 날 갑자
기 붉은 줄이 그어져 처리되고 생명의 족보에 옮기어
기록되는 기적을 상상해 보십시오. 이제 나는 영원히
복된 새 생명의 삶을 살게 될 것입니다. 어떻게 해야
이 기적이 일어날 수 있겠습니까? 이 기적의 열쇠를
우리는 그 유명한 요한복음 5장 24절 말씀에서 발견할
수 있습니다.

여기에서 우리가 사망에서 생명으로 옮겨지는 것은 두 가지 중요한 단어들에 의존하고 있음을 알 수 있습니다. 즉, "내 말(주의 복음의 말씀)을 _____ 또 나 보내신 이를 _____ 자는 영생을 얻었고" 사망에서 생명으로 옮기운다고 했습니다.

질문 2 골로새서 1장 6절 말씀에 따르면 우리가 복음의 말씀을 듣는다는 참된 의미는 무엇일까요?

질문 3 요한복음 1장 12절 말씀에 따르면 우리가 예수의 이름을 믿는다는 것을 사도 요한은 다른 무슨 말로 설명했는지요?

마무리 질문

당신은 참으로 예수 그리스도의 복음의 말씀을 듣고 당신을 향하신 하나님의 사랑과 은혜를 깨우쳐, 그분의 아들로 이 땅에 오신 예수 그리스도를 당신의 구주와 주님으로 영접하셨습니까?

(예 / 아니오 / 모르겠습니다)

이제 당신은 영원한 사망(지옥)에서 영원한 생명(천국)으로 옮긴운 자임을 확신하십니까?

(예 / 아니오 / 모르겠습니다)

 금주의 과제

1. 요절을 암송하십시오.
2. 제 2 과 "사망에서 생명으로"를 복습하며 감동되었던 점들을 기록해 보십시오.

3. 다음 과를 예습하십시오.

"내가 구원얻은 것은 공작(公爵)인 때문도 아니요,
현왕(現王)의 부친인 때문도 아니요, 오직 죄인인 때문이다."
 - 컨트(빅토리아 여왕의 부친이자 공작) -

3

영생 얻은 증거

요한일서 5:10~15

암송요절 "내가 하나님의 아들의 이름을 _____ 너희 에게 이것을 쓴 것은 너희로 하여금 너희에게 _____ 이 있음을 _____ 하려 함이라"(요한일서 5장 13절).

샌 프란시스코(San Francisco)의 유명한 금문교 (Golden Gate Bridge) 공사는 두 단계로 나 뉘어 진행되었다고 합니다. 첫단계인 다리의 절반 공 사를 하는 동안 사고로 23명이 목숨을 잃었습니다. 안 전 문제가 심각한 이슈로 부각되자 비용이 더 들더라 도 안전하게 공사를 진행시키자는 여론에 따라 당시로 는 매우 큰 액수인 10만 불을 더 추가하여 그물받이 (net)를 설치했다고 합니다.

나머지 절반 공사인 둘째 단계에서는 불과 10명이 공사 중 추락하였으나 모두 그물받이 덕분에 생명을 구했다고 합니다. 그런데 여기서 유의할 것은 나머지 절반 공사가 훨씬 더 난공사(難工事)였는데도 어떻게 하여 첫단계에 비해 훨씬 적은 인원이 추락했냐는 것 입니다. 물론, 경험의 축적도 중요한 원인이었으나 그 보다 더 중요한 원인은 다리 아래 그물받이가 설치되 어 있다는 사실에서 오는 "안전감"(sense of safety)

의 _____(assurance)이었다고 합니다.

　이 과의 본문은 예수가 "_____의 _____"
(5절)이시라는 증거와, 이 예수를 그리스도로 믿는 그
리스도인들이 영생을 소유한 증거들에 대해 기록하고
있습니다. 우리는 이 증거들을 다시 객관적 증거와 주
관적 증거로 나누어 생각할 수 있습니다. 이 증거들이
야말로 그리스도인이 구원을 확신하고 삶을 살아갈 수
있는 "그물받이"와 같은 것들이라고 할 수 있겠습니다.

객관적 증거(objective evidence)

예수 그리스도를 구주와 주님으로 믿는 그리스도인들
이 영생을 얻었음을 확신할 수 있는 객관적 증거는 기
록된 하나님의 말씀, 곧 성경에 의거한 것입니다. 본문
에서 사도 요한은 "…이것(　　)을 쓴 것은 너희로
하여금 너희에게 _____이 있음을 _____하려
함이라"(13절)고 기록하고 있습니다.
　어떤 청년이 자기가 부모의 자녀임을 확신하지 못하
고 있을 때 이를 확인하는 방법 중의 하나로 "호적"이
라는 객관적 _____(record)을 살펴보는 방법을 생
각할 수 있습니다. 갑자기 사면령(赦免令)을 받은 중죄
인은 자유가 실감나지 않을 때, 자기에게 주어진 사면
장이라는 객관적 _____을 확인해 보아야 할 것입
니다. 마찬가지로 하나님께서는 모든 참된 그리스도인
들이 영생을 소유한 하나님의 자녀임을 확실히 "____
____ 하기 위하여" 성경이라는 객관적 증거를 허락하

셨습니다.

질문 1 내가 …을 안다 라는 사실이 "내가 …을 믿는다"
는 표현보다 더욱 강력한 확신의 시사가 될 수 있다는 일반
적인 사례와 성경적 사례(구절들)를 들어 보십시오.
일반적 사례(어법):

성경적 사례(구절들):

주관적 증거(subjective evidences)

한 사람의 주관성에는 제한이 있고 선을 긋기 어려운
난점이 있습니다. 그렇기는 하지만 나의 삶, 나의 마음
에서 체험된 사실들은 나에게 매우 소중한 확신의 근
거들이 됩니다. 요한일서에서는 예수를 믿는 그리스도
인들에 대한 자아 개념이 "주(主)에게서 난 자", "주
안에 거하는 자" 혹은 "주를 아는 자" 등으로 표현되어
있습니다.

질문 2 아래 구절들을 요한일서에서 읽고 우리가 거듭난
그리스도인임을 나타낼 수 있는 주관적 증거들이 무엇인가를
적어 보십시오.
2장 3절:
2장 29절:
3장 6절:
3장 14절:
5장 1절:
5장 14,15절(3장 22절):

이상의 삶의 변화들은 그 변화의 주관적 성격 때문에 개인에 따라 상대적일 수밖에 없음에도 불구하고, 각자에게는 예수 그리스도를 개인의 주님으로 모심으로 자기 삶의 장(場)에 나타난 절실한 새생명의 열매들임에 틀림없습니다.

질문 3 그 밖에 내가 예수를 믿고 난 후, 믿기 전과 비교하여 달라진 삶의 영역, 습관, 생각(의식 구조)들에는 어떤 것들이 있는지 자신의 경험을 따라 적어 보십시오.

·

·

·

맺음말

한 인간의 생애에서 그가 하나님의 영원한 생명을 소유하고 살게 되었다는 사실보다 더 엄청난 기적은 없을 것입니다. 그러나 교회에 출석하는 많은 성도들은 그것을 내가 어떻게 확신할 수 있느냐는 문제로 고민하고 있습니다.

이제 지금까지 열거한, 성도가 영생(구원) 얻은 사실에 대한 객관적 증거와 주관적 증거들에 따라 당신의 확신을 점검해 보십시오. 그러나 분명히 해 둘 것은 이와 같은 확신은 본문에 따르면 두 가지 중요한 사실들을 전제로 하고 있다는 것입니다.

첫째, 내가 예수를 그리스도로 믿고 있다는 사실입니다(요한일서 5장 1 9절).

둘째, 나는 하나님의 아들이신 예수 그리스도를 내 안에 구주와 주님으로 영접했다는 사실입니다(요한일서 5장 11,12절 / 요한복음 1장 12절).

이러한 두 가지 사실이 내게 일어난 사건이라면 영원한 생명을 소유하신 그리스도를 내 안에 모신 나는, 그리스도 안에 있던 영생을 지금 여기에서 소유한 자가 된 것입니다(11,12절). 이 엄청난 사실을 폐할 수 없는 말씀(요한복음 10장 35절), 세세토록 있는 말씀(베드로전서 1장 25절), 그리고 거짓말할 수 없는 하나님의 언약의 말씀(히브리서 6장 17,18절)인 성경이 증거하고 있습니다. 이 사실을 또한 당신 삶의 열매들이 증거하고 있는지요?

금주의 과제

1. 요절을 암송하십시오.
2. 제 3과 "영생 얻은 증거"를 복습하며 감동되었던 점들을 기록해 보십시오.

3. 다음 과를 예습하십시오.

   * 참고도서-"구원의 확신과 기쁨"(죠지 커팅 지음, 나침반 출판사 간행).

"이 세상은 영원한 세상의 현관이다.
영원한 세상에 들어가는 자는 그 현관에서 입장권을 받아야 한다.
그 입장권은 그리스도의 보혈이요,
그 문을 통과할 때 사용되는 암호는 '예수' 이다."

4

성경이 열릴 때

누가복음 24:13~17, 27~35

암송요절 "내 눈을 열어서 주(主)의 법의 기인한 것을
_____하소서 … 주의 _____을 열므로 우둔한 자에
게 비취어 _____하나이다"(시편 119편 18절, 130절).

교인들이 성경에 대해 가지는 일반적 태도를 우리
는 세 가지 유형, 즉 무관심형, 비판적 관심형,
그리고 영적 추구형으로 나누어 볼 수 있습니다.

첫째 유형은 교회에 출석하면서도 성경에 전혀 관심
을 가지지 못하는 사람들입니다. 이들은 대체로 교회
에는 출석하나 아직 거듭나지 못한 교인들이라고 할
수 있겠습니다.

둘째 유형은 상당한 관심을 갖고 성경에 접근하지만
그 접근 방법이 지나치게 이성적이어서, 성경을 비판
적 안목으로만 읽다가 인간 이성(理性)으로 수락하기
어려운 대목에 직면하면 결국 성경에 대한 회의(懷疑)
에 빠지는 사람들이라고 할 수 있습니다.

셋째 유형이 가장 바람직한 접근이라고 할 수 있는데
이들은 성경이 "_____의 감동하심"으로 기록되었

다는 전제를 수용하고 "_____"으로 성경을 읽는 사람들입니다. 이런 사람들을 영적 추구형이라고 부를 수 있습니다. 이들도 시편 기자처럼 성경을 열 때마다 "내 눈을 열어서 주의 법의 기이한 것을 _____ 하소서"(시편 119편 18절)라고 기도하며 성경을 읽고 주의 빛을 경험할 때마다 "주의 _____ 을 열므로 우둔한 자에게 비취어 _____ 하나이다"(시편 119편 130절)라고 간증하는 사람들입니다.

●당신은 지금까지 어떤 유형에 속한 사람이었나요?
  (형)

이제 본문을 통해 엠마오 길의 두 제자에게 성경이 열릴 때 그들이 어떤 유익을 얻을 수 있었는지 살펴보고자 합니다.

살아 계신 그리스도를 만나게 됨

예수는 부활하셨습니다! 예수는 살아 계십니다! 그러나 이 사실이 자기에게는 전혀 실감이 나지 않는다고 고백하는 많은 교인들이 있습니다. 이 무감각, 무신경의 이유는 무엇일까요? 바로 이것이 엠마오 길을 걸어가고 있던 두 제자의 딜레마였습니다. 예수께서는 가까이 이르러 저희와 _____ 하셨으나(15절), 저희의 눈이 _____(16절) 그리스도인 줄 알아보지 못한 것입니다. 그러나 그분의 말씀을 듣는 동안에 한 순간 저희 눈이 _____ (31절) 예수 그리스도인 줄 알아보게 되었다고 본문은 기록합니다.

이 결정적 전기(轉機)가 어떻게 하여 이루어질 수 있었습니까? 이 놀라운 일은 예수께서 그들에게 _____ 에 쓴 바 _____ 에 관한 것(27절)을 자세히 설명하기 시작하셨을 때 일어났습니다.

질문 1 요한복음 5장 39절 말씀을 당신 자신의 말로 쉽게 풀어서 적어 보십시오.

마음이 뜨거워지는 체험을 하게 됨

"마음이 뜨거워진다"(32절)는 것은 무엇을 뜻하는 말입니까? 죽어 가는 모든 것은 차가워집니다. 뜨거워짐은 소생을 의미합니다. 죽어 가던 것이 다시 살아날 때 뜨거움의 열기가 돌아오게 됩니다.

우리가 살고 있는 이 시대를 가리켜 "냉소적 시대"라고 합니다. 이것은 현대인들이 모든 절대적 가치를 포기한 결과, 더 이상 감격할 아무런 대상을 갖고 있지 못하다는 말과 같습니다. 유명한 C.S. 루이스(C.S. Lewis)는 "현대의 가장 큰 손실은 _____ 의 상실이다"라고 말했습니다. 왜냐하면 현대는 추구해야 할 진리 그 자체를 이미 포기해 버렸기 때문입니다.

그러나 세세토록 영원한 말씀 앞에 설 때 지금 우리도 여전히 진리를 깨닫는 뜨거움을 경험할 수 있습니다.

요한 웨슬레(John Wesley)의 그 유명한 올더스게

이트(Aldersgate)의 체험이 바로 그것이었습니다. 그의 마음이 뜨거워진 것은 로마서 1장 17절 말씀을 통해 오직 믿음으로 의롭게 됨의 진리를 발견한 감격 때문이었습니다.

질문 2 "마음이 뜨거워진다"는 것은 역시 주관적 체험에 속하기 때문에 그리스도인마다 그 경험의 정도나 색깔이 다소 다를 수 있습니다. 그럼에도 불구하고 모든 진실한 그리스도인들은 말씀에 대한 어떤 체험을 공유하고 있습니다. 당신의 신앙 생활 초기에 신앙의 확립에 결정적 도움이 되었던 말씀들이 있었으면 나누어 보십시다.

말씀

부활의 주님을 증거하게 됨

엠마오 도상의 두 제자는 마음이 뜨거워지는 체험을 한 후에 예루살렘으로 돌아가 "예수는 과연 사셨다"고 부활의 주님을 증거하는 삶을 살게 됩니다(33, 34절). 모든 정상적인 말씀 사역의 결실은 예수 그리스도에 대한 증거와 열심으로 나타나야 합니다.

사도 베드로는 베드로전서 1장 23절에서 그의 편지를 받는 성도들에게 그들의 거듭남이 썩지 아니할 씨, 곧 하나님의 살아 있고 항상 있는 _____으로 된 것이라고 증거합니다. 그러면서 같은 편지인 베드로전서 2장 9절에서는 성도들이 거듭남으로 얻은 신분상의

특권인 택하신 족속과 왕 같은 제사장 됨에 대해 기록
하고 있습니다.

질문 3 베드로전서 2장 9절 말씀을 읽고 묵상하면서 그리
스도인의 특권은 동시에 어떤 의무를 수반하는지에 대해 적
어 보십시오.

특권:

의무:

맺음말

모든 성도들은 하나님의 말씀에 대한 청지기들이라고
할 수 있습니다. 성도의 말씀과의 거리는 하나님과의
거리를 결정합니다. 우리가 말씀 속으로 더욱 깊이 들
어가면 갈수록 그만큼 우리는 하나님을 깊이 경험할
수 있습니다.

　말씀에 대한 성도들의 책임은 대체로 듣기(롬 10:
17), 읽기(계 1:3), 공부(행 17:11), 암송(시 119:
11), 묵상(수 1:8)으로 요약할 수 있습니다.

마무리 질문

당신의 말씀 생활을 점검해 보십시오(1-절대적으로 부족함 2-부족한 편임 3-보통임 4-다소 양호한 편임 5-바람직한 상태임).

해당 번호에 표 하십시오.

- 듣기 (1 2 3 4 5)
- 읽기 (1 2 3 4 5)
- 공부 (1 2 3 4 5)
- 암송 (1 2 3 4 5)
- 묵상 (1 2 3 4 5)

 금주의 과제

1. 요절을 암송하십시오.
2. 제 4과 "성경이 열릴 때"를 복습하며 감동되었던 점들을 기록해 보십시오.

3. 다음 과를 예습하십시오.

* 참고도서-"말씀의 손 예화"(네비게이토 간행)

"성경을 늘 펴고 있으라.
그러면 그대의 천국 가는 길도 늘 펼쳐져 있을 것이다.'
- 아브라함 링컨 -

5

왜 기도해야 하는가?

누가복음 11:1~4, 22:39~46

암송요절 "나의 하나님이 그리스도 예수 안에서 영광 가운데 그 _____ 한 대로 너희 모든 _____ 을 채우시리라"(빌립보서 4장 19절).

이 세상에서 가장 아름다운 것이 있다면 "기도하는 손"일 것입니다. 앨버트 듈러(Albert Dürer)는 그의 학비 마련을 돕기 위해 식당에서 일하며 그를 위하여 기도해 주는 친구의 손을 보고 저 유명한 감동의 명화 "기도하는 손"을 그렸습니다.

누가복음 11장은 예수께서 기도하시는 모습을 기록하고 있습니다. 그분의 기도하는 모습을 지켜보던 제자들은 갑자기 기도의 갈증을 느낀 듯합니다. 그래서 주님께 나아 "우리에게 기도를 가르쳐 주옵소서"(1절)라고 요청하게 되었고, 이것이 그 유명한 _____ 의 탄생의 유래라고 할 수 있습니다. 그러나 이 기도문은 정확하게 말하면 주님 자신의 기도가 아닌 주께서 가르쳐 주신 기도 라고 할 수 있습니다. 우리는 이 기도문을 통해, 무엇을 위하여 기도해야 하는가 하는 기도의 내용 뿐만 아니라 왜 기도해야 하는가 하는 기도의 이유도 발견할 수 있습니다. 그 누구도 이 물음에 대한 해답 없이는 참으로 기도하지 않을 것이고, 기도하지 않는 한 신앙은 성장하지 않습니다.

성도가 기도해야 할 이유

첫째로, 하나님 아버지와 거룩한 교제를 나누기 위해서입니다.

일반적으로 예수님 당시에 예수께서 사용하신 언어는 "_____어"였을 것이라고 추측되고 있습니다. 그렇다면 본문에서 예수님이 기도를 가르치시며 "하늘에 계신 아버지여"라고 하실 때의 "아버지"는 사실상 『아빠』(abba)라는, 아람어의 유아들의 언어로 썼었을 것이라고 학자들은 주장합니다. 보편적으로 구약 시대에 히브리 백성들은 하나님을 부를 때 『여호와』(야훼)라는 이름을 사용하였으나, 그분의 이름이 너무나 거룩하다고 생각했기 때문에 『아도나이』(adonai), 곧 _____이라는 의미로 대체하여 불렀습니다. 이런 배경을 생각할 때, 예수께서 우리에게 하나님을 "아빠"라고 부르도록 가르치신 것은 놀라운 파격(破格)이 아닐 수 없습니다. 예수께서는 성도들과 하나님과의 관계를 마치 사랑하는 아빠와의 관계처럼 개인적이고 밀접한 관계로 이해하셨음에 틀림없습니다.

질문 1 출애굽기 33장 11절을 읽고 하나님이 모세와 어떤 모습으로 교제하셨는지 살펴보고, 당신과 하나님과의 교제 태도와 비교하여 보십시오.

하나님은 모세와 _____

나는 하나님과 _____

둘째로, 하나님 나라의 사역을 위해서입니다.

구원받은 그리스도인이라면, 당연히 하나님의 _____
이 높여지고 하나님의 _____가 확장되며, 하나님의
_____이 이 땅에서 이루어지기를 소원할 것입니다.
이 모든 사역은 기도를 통해서 이루어질 수 있습니다.
하나님께서 능력이 유한하시기 때문에 우리의 기도를
필요로 하실까요? 아닙니다. 절대로 아닙니다. 하나님
께서는 우리가 기도할 때 그분의 뜻을 이루심으로써,
우리에게 그분의 사역에 참여하는 특권을 나누어 주시
고자 하는 것입니다. 기도를 통해 우리는 하나님의 동
역자가 됩니다.

질문 2 에스겔서 36장 36,37절에서 발견할 수 있는 기도
의 교훈들을 살펴보십시오(자신의 말로 풀어서 설명해 보십
시오).

설명

**셋째로, 우리의 일상적 삶의 필요를 공급받기 위해서
입니다.**

인간 원죄(原罪)의 뿌리는 하나님을 떠나려는 이기적
독립심이라고 할 수 있습니다(누가복음 15장에 나오는
탕자의 비유를 보십시오). 우리는 이 세상에서 하나님
께 기도하지 않고도 살아갈 수 있습니다. 그러나 기도
를 통하여 하나님과 관계하며 살아가는 것은 하나님이
기대하시는 일이요, 기쁨으로 여기시는 일인 것입니

다. 마치 우리가 부모를 무시하고도 살아갈 수 있지만, 부모와 대화하고 의논하면서 우리의 필요를 채워 나가는 다른 차원의 삶을 살 수도 있는 것과 같습니다. 우리가 우리의 필요를 위해 기도하는 것은 우리의 무력(無力) 때문이 아니라 우리 삶의 근원이신 하나님을 인정하고 살아가고자 하기 때문입니다. 그때 우리 삶은 우리의 필요를 성실히 공급받는 삶이 될 뿐 아니라, 하나님을 더욱 사랑하고 신뢰하는 삶이 될 수 있습니다.

질문 3 D.L.무디(Moody)는 빌립보서 4장 19절 말씀을 그리스도인의 은행이라고 했습니다. 왜 이 구절에 그가 이런 별명을 붙였는지 이 약속의 말씀을 분석하여 설명해 보십시오.

- 자본가:
- 자본:
- 출납자:
- 대출범주:
- 명예:
- 신용:

질문 4 당신의 기도 생활을 점검해 보십시오(1-절대적으로 부족함 / 2-부족한 편임 / 3-보통임 / 4-다소 양호한 편임 / 5-바람직한 상태임). 해당 번호에 O 표 하십시오.

- 나는 기도를 습관화하였다   (1 2 3 4 5)
- 나는 유혹을 느낄 때 기도한다   (1 2 3 4 5)
- 나는 범죄할 때 즉각 자백한다   (1 2 3 4 5)
- 나는 위기의 때에 특별 기도를 한다   (1 2 3 4 5)

넷째로, 우리의 영적 승리를 위해서입니다.

참된 영적 승리는 죄 문제의 처리와 예방에 달려 있습

니다. 이미 범한 죄에 대해서는(하나님과의 관계/이웃과의 관계) 죄의 고백을 통해서 용서받아야 하며, 또한 같은 죄를 다시 짓지 않도록 기도해야 합니다.

또한 이와같은 영적 승리를 다른 말로 하나님과 이웃과의 바른 관계의 설정이라고 할 수 있습니다. 먼저 우리는 이웃과의 관계에서 만약 우리들의 이웃이 우리에게 잘못함이 있었다면 그들을 조건없이 용서해야 합니다. "서로 인자하게 하며 불쌍히 여기며 서로 하기를 하나님이 _____안에서 너희를 _____하심과 같이 하라"(에베소서 4장 32절)고 성경을 말합니다.

이웃에 대한 용서야 말로 우리가 주의 용서를 체험한 사람인것을 증거하는 것입니다. 그리고 그때에 오늘 여기에서의 우리의 잘못됨을 주께 고하며 그분의 용서를 담대히 구할 수가 있는 것입니다. 기도는 주의 용서를 가능케하는 은혜의 통로고 할 수 있습니다.

다섯째로, 우리의 보호를 위해서 입니다.
우리는 성도의 모든 실패와 범죄의 현상에서 기도의 부재(不在)를 지적할 수 있습니다. 반대로 모든 승리의 현장에서 우리는 기도의 무릎들을 발견할 수 있습니다. 그래서 우리 주님은 겟세마네 동산에서 제자들에게 마지막 교훈처럼 "_____에 들지 않기를 기도하라"(누가복음 22장 40절)고 당부하신 것입니다.

우리 주님은 _____을 좇아 기도하셨다고 성경은 기록합니다(누가복음 22장 39절). 그러나 큰 위기 앞

에서는 힘쓰고 애써 더욱 _____히 기도하셨습니다
(누가복음 22장 44절). 우리 주님에게도 영적 승리를
위한 기도와 간구가 필요했다면, 오늘의 연약한 성도
들에게 기도는 얼마나 더 절실한 필요인지요!

마무리 결심

나는 나의 기도 생활을 개선하기 위하여 다음과 같이
결심합니다.

나의 결심

 **금주의 과제**

1. 요절을 암송하십시오.
2. 제 5과 "왜 기도해야 하는가?"를 복습하며 감동되었던 점들을 기록해 보십시오.

3. 다음 과를 예습하십시오.

  * 참고도서-"영원에로의 초대"(죠지스위팅 저, 이동원 역. 나침반출판사 간행) pp. 49～65.

"우리가 일할 때 일하는 건 우리이다.
그러나 우리가 기도할 때 일하는 건 하나님이시다."
- 오스왈드 샌더스 -

6

새벽 오히려 미명에

마가복음 1:32~39

암송요절 "너희를 _____그의 아들 예수 그리스도 우리 주(主)로 더불어 _____케 하시는 하나님은 미쁘시도다"(고린도전서 1장 9절).

예수께서 마르다 ·마리아 자매의 가정을 방문하셨을 때 언니 마르다는 예수님을 접대할 일로 마음이 _____한 가운데 있었고, 동생 마리아는 주(主)의 발 아래 앉아 그분의_____을 경청하고 있었습니다(누가복음 10장 38~42 절). 이 때 예수께서는 마리아가 더_____을 선택하였다고 말씀하셨습니다(42절). 우리는 이 말씀을 예수께서 마르다의 봉사의 의미를 과소평가하신 것으로 해석해서는 안 됩니다. 다만 예수께서는 이 상황에서의 마르다처럼 즐거운 마음으로 봉사할 수 없을 바에는 차라리 마리아의 선택이 더 합당하다고 지적하신 것뿐입니다.

그럼에도 불구하고 이 사건은 우리 주님께서 제자들과의 교제를 얼마나 기쁨으로 바라시는가를 분명히 보여 주고 있습니다. 그러면 주님의 이런 기대를 따라 우리는 어떻게 주님과의 교제를 이루어 나갈 수 있을까요? 이 물음에 대한 해답을 위해 먼저 본문을 통하여, 주께서 추구하셨던 하나님과의 교제의 모본을 살펴보고자 합니다.

교제의 열망

예수님은 너무나 바쁜 하루를 보내셨습니다. 안식일에 회당에서 설교하시고 예배를 방해하던 귀신을 쫓아내신 후에, 이어서 시몬 안드레 형제의 집을 방문하시고 시몬의 장모를 치유하셨습니다. 안식일이 저물어 갈 때 이제는 쉬는가 했더니, 각색 병자들이 그분의 처소로 몰려들었습니다. 그러니 그 밤의 안식은 얼마나 필요한 안식이었을까요? 그런데도 그 이튿날 새벽에 일어나신 주님은 아버지 하나님과 더불어 기도의 교제를 가지셨습니다(마가복음 1장 35절). 일상적으로 이런 경우 안식을 취해 피곤을 풀어야 할 텐데, 이 피곤을 극복하기 위하여 오히려 주님은 하나님 아버지와의 교제의 _____를 열망하셨던 것입니다.

그런 의미에서 기도는 주님에게 안식이요 기쁨이요 능력이었습니다. 때문에 시편 기자는 "…사슴이 시냇물을 찾기에 _____ 함같이 내 영혼이 주(主)를 찾기에 _____ 하나이다"(시편 42편 1절)라고 고백한 것입니다. 바울 사도는 "너희를 _____ 그의 아들 예수 그리스도 우리 주로 더불어 _____ 케 하시는 하나님은 미쁘시도다"(고린도전서 1장 9절)라고 말했습니다. 그는 주님과의 교제를 특권으로 생각했던 것입니다.

질문 1
마르틴 루터(Martin Luther)는 하루에 기도의 십일조를 드리고자 애썼다고 합니다. 당신이 하루에 말씀과 기도로 주님을 만나는 시간은 몇 분입니까? 지금까지 그런 시간을 가지지 못했다면 앞으로 하루에 얼마나 하나님과의 교제 시간으로 삼기를 원하시는지요?

현재까지   분(시간) / 앞으로는: 분(시간)

교제의 계획

주 예수님은 기도하실 때 시간과 장소를 잘 선택하셨습니다. 그것은 계획적인 선택이었다고 할 수 있습니다.

본문 35절에서 주님이 _____ 오히려 미명에 일어나시어 _____ 곳으로 가사 거기서 _____ 하신 것을 알 수 있습니다. 만물이 하루의 새로운 출발을 기다리며 잠들어 있는 여명의 시간이야말로 주님과의 교제를 즐길 수 있는 최적의 시간이라고 할 수 있겠습니다. 동시에 그 누구의 방해도 받을 필요가 없는 한적한 곳은 이 교제의 시간의 효율성을 위해 반드시 고려해야 할 여건이라 할 수 있습니다. 예수님은 이런 곳을 _____ 이라고 부르기도 하셨습니다(마태복음 6장 6절). 기도에 집중할 수 있는 환경이 중요합니다.

우리 주님도 아버지 하나님과의 교제를 위해 일정한 시간과 일정한 장소를 갖고 계셨던 것으로 보입니다. 이 본문을 지나치게 적용하여 꼭 새벽에 산에 가서 기도해야 한다고 주장할 필요는 없습니다. 자기에게 적

합하고 편리한 시간과 장소를 선택하는 것으로 족합니다. 참으로 중요한 것은 일관성 있는 계획으로 주님과의 교제를 생활화하는 일입니다. 아이들의 학습 습관을 관찰해 보아도 일정한 시간과 장소는 필수적임을 알 수 있습니다.

질문 2 유명한 부흥사 빌리 선디(Billy Sunday)는 그리스도인이 되었을 때 교회 지도자에게서 매일 15분 성경 읽기, 매일 15분 기도하기, 매일 15분 전도하기를 하면 하나님을 통해 놀랍게 쓰임받을 것이라는 권면을 듣고 평생을 그렇게 실행했다고 합니다. 당신은 하루 중 언제 어디에서 주님과 집중적인 교제 시간을 갖고 계십니까? 그렇지 않다면 앞으로 그런 시간과 장소를 가질 예정이십니까?

• 시간(언제)

• 장소(어디에서)

교제의 결과

아버지 하나님과 교제하신 후의 주님의 모습에서 무엇을 관찰할 수 있습니까? 제자들이 주께 나아와 많은 사람이 아침부터 주님을 만나고자 찾고 있다고 보고했을 때(36, 37절), 주께서는 자신이 그날 어디에서 무엇을 해야 할 것인가를 분명히 말씀하셨습니다. 곧, 그분은 아직도 복음을 듣지 못한 다른 마을에 가서 치유보다 더 중요한 전도를 해야겠다고 말씀하셨습니다. 그분은 사람들의 의견에 이끌려 다니는 삶이 아니라, 하나님의 관점에서 우선순위(priority)에 따라 삶을 계획하셨습니다. 이것은 전적으로 하나님과의 교제 시간의 결과라고 할 수 있습니다. 고든 맥도날드(Gordon Mcdonald)는 사람들 가운데는 하나님의 계획에 따른 소명의 삶(called life)을 사는 사람과, 사람들에게 끌려다니는 충동의 삶(driven life)을 사는 두 종류의 사람이 있다고 말했습니다.

질문 3   당신의 삶의 방식은?

소명의 삶(   ) 충동의 삶(   )

만일 지금까지 당신의 삶의 방식이 충동의 삶이었다면 소명의 삶을 위해 변화되어야 할 습관들에는 무엇이 있는지 적어보십시오.

마무리

경건의 시간(Quiet Time) 실천 지침은 다음과 같습니다.

1. 일정한 시간과 장소를 결정하십시오.
2. 정해진 장소에 성경과 찬송, 그리고 QT 교재와 필기도구를 비치하십시오(성서유니온社 간행 "매일 성경"을 추천합니다).
3. 성령님의 도우심을 구하는 짧은 기도를 하십시오(시편 119편 18절).

예)오늘 저에게 주님의 말씀을 깨닫게 하시고 이 말씀을 통해 주님의 음성을 듣게 해 주십시오.

4. 본문의 내용을 2,3번 읽어 보십시오(본문이 난해할 때는 새번역성경의 도움을 받으십시오).

5. 본문의 내용을 눈을 감고 묵상하며 정리해 보십시오.

6. 본문의 대의(大意), 즉 전체 줄거리를 요약하여 간단히 기록하십시오.

7. 본문이 하나님과 인간에 대하여 조명하는 사실들을 찾아보십시오(왼쪽 공간).

8. 본문의 교훈들 가운데 나에게 적용될 수 있는 부분들을 구체적으로 정리하여 기록해 보십시오(오른쪽 공간).

9. 기도하기 전에 오늘의 경건의 시간 내용을 ACTS로 요약해 보십시오.

A(Adoration)-찬양해야 할 하나님의 품성에 대하여 무엇을 발견했는가?

C(Confession)-고백해야 할 나의 죄, 실수, 그릇된 습관들은?

T(Thanksgiving)-감사해야 할 교훈과 깨달음은?

S(Supplication)-간구해야 할 기도 제목들을 정리하면?

10. 기도한 후 시간이 허락되면 찬양하고 마무리하십시오.

금주의 과제

1. 요절을 암송하십시오.
2. 제 6과 "새벽 오히려 미명에"를 복습하며 감동되었던 점들을 기록해 보십시오.

3. "매일 성경"(성서 유니온사 간행)을 사용하여 경건의 시간을 한 주간 실천해 보십시오.
4. 다음 과를 예습하십시오.

   *참고도서-"경건의 시간을 갖는 법"(워렌 마이어스 부부 지음, 네비게이토 출판사 간행).

"하늘나라는 무릎으로 올라간다."
- 요한 웨슬레 -

7

성도가 죄를 범할 때

요한일서 1:8~2:2

암송요절 "만일 우리가 우리 죄를 _____ 하면 저는 _____, _____, 우리 죄를 _____ 모든 불의에서 우리를 _____ 하실 것이요"(요한일서 1장 9절).

유 명한 화가 레오나르드 다빈치(Leonard Davinci)가 "최후의 만찬"을 그릴 때 예수 그리스도 얼굴의 모델이었던 사람이 수년이 지난 후에는 가룟 유다 얼굴의 모델이 되었다는 이야기가 있습니다. 물론 이 에피소드의 역사적 정확성을 확인하기는 어렵지만 이 이야기가 전달하려는 메시지만은 분명하게 이해할 수 있습니다. 그것은 동일한 사람 안에 내재한 엄청난 변신의 가능성 혹은 인간 내부에 상존하는 모순성에 대한 일종의 비유라고 할 수 있겠습니다.

일찍이 마르틴 루터는 이 같은 인간 내면에 존재하는 모순과 긴장의 역설에 대하여 "우리들 그리스도인은 누구인가? 우리는 _____ 이지만 동시에 _____ 이다"라는 유명한 말을 했습니다. 모든 거듭난 성도들은 주(主)의 은혜로 구원받은 것이 확실합니다. 그럼에도 불구하고 우리가 경험한 구원으로 우리 삶의 모든 문제가 해결된 것은 아닙니다. 우리는 아직도 _____ 를 범하고 있습니다(요한일서 1장 10절). 그렇다면 우리가 성도로서 죄를 범할 때 이 문제를 어떻게 처리해야 할까요? 본문은 이 같은 물음에 대한 대답을 다루고 있습니다.

죄 범한 것을 인정해야 한다

죄 문제에 대한 가장 미련한 처방이 있다면 그것은 죄 범한 것을 _____하는 것입니다. 왜 사람들은 이 방법을 사용할까요? 그것은 아마도 자신의 자존심을 지키려는 일종의 심리적 방어기제(defense mechanism)의 작용 때문일 것입니다.

이런 현상은 성도들에게도 예외가 아닙니다. 사도 요한이 요한서신을 기록한 직접적인 동기가 있었다면 1세기의 강력한 이단이었던 영지주의자(Gnostics)들 때문이었습니다. 그들의 기묘한 주장 가운데 하나는 "성도의 육신은 죄를 범해도 그들의 영(靈)은 죄를 범할 수 없다"는 것이었습니다. 물론 이렇게 인간을 육신과 영으로 나누어(살아 있을 동안에) 죄 문제에 대하여 이원론적(二元論的) 해답을 시도하는 것은 전적으로 비성경적입니다.

본문 8절에서 사도 요한은 "만일 우리가 _____하면 스스로 속이는 것"이라고 했고, 10절에서도 "만일 우리가_____하지 아니하였다 하면 하나님을 _____하는 자로 만드는 것"이라고 말씀하고 있습니다. 8절에서의 "죄"라는 단어는 본래 단수(單數)로 씌어져 죄의 원리 혹은 죄의 성품을 말하고 있으나, 9절에서의 "죄"는 복수(複數)로서 구체적인 죄의 행동들을 의미하고 있습니다.

예수 믿고 거듭날 때 우리에게는 새로운 성품(new nature), 곧 신(神)의 성품이 주어집니다(베드로후서 1장 4절). 그러나 우리가 아담에게 물려받은 죄의 성품, 곧 옛 성품(old nature)이 없어지는 것은 아닙니다. 그러므로 그리스도인이 되었을 때 우리에게 새로운 삶을 살고 새로운 행동을 할 가능성이 주어진 것은 분명하지만, 아직도 죄의 가능성이 상존하고 있음을 잊지 말아야 합니다. 따라서 죄를 범할 때 우리는 즉시로 솔직하게 죄를 인정해야 합니다. 그러지 않는다면, 우리는 자신을 속이는 자가 되며 진리가 우리 안에 거할 수 없습니다.

질문 1 우리가 자신의 죄를 인정하지 않고 고백을 거절할 때 일어날 수 있는 결과들에 대하여 시편 32편 3,4절 말씀을 읽고 대답해 보십시오.

1.

2.

3.

죄를 자백해야 한다

9절에서 "자백"(homologomen)이라는 말의 뜻은 본래 하나님과 "같이"(homo) "말한다"(lego)는 단어에서 유래했습니다. 다시 말하면 자백이란 하나님의 관점에서 우리의 죄를 보고 판단한 결과인 것입니다. 죄에 대한 사람들의 자기 합리화는 사실상 "상대 평가"에서 비롯되었습니다. 그러나 우리 삶을 책임져야 할 궁극적 대상이 하나님이심을 인식할 때 비로소 우리는 하나님께 우리의 죄를 자백할 수 있습니다.

우리의 어떤 죄는 사람들에게도 자백할 필요가 있습니다. 따라서 성경은 "너희 죄를 서로 _____ 병 낫기를 위하여 서로 기도하라"(야고보서 5장 16절)고 가르칩니다. 그러나 궁극적으로 자백의 대상은 하나님이어야 합니다. 왜냐하면 그분이 결국 심판자이시기 때문입니다. 죄의 자백은 구체적이어야 하고 지속적이어야 합니다. "구체적"이란 낱낱의 죄에 대한 개별적인 직면을 뜻하며, 지속적 이란 우리가 그 죄에서 완전히 벗어날 때까지를 말합니다. 어떤 성도는 꼭같은 죄를 염치도 없이 어떻게 자백하고 또 자백할 수 있는가고 묻습니다. 그러나 그것은 씻어도 또 더러워지는 발을 씻을 필요가 있냐고 묻는 것과 같습니다.

질문 2 요한복음 13장 4~11절 말씀을 읽고, 특히 10절에서 예수께서 목욕과 발 씻음을 구별하신 이유가 무엇인가를 말해 보십시오.

이유

죄 사함을 주시는 주님을 신뢰해야 한다

9절에서 죄의 자백에 따르는 약속으로 주님은 우리의
죄를 _____, 우리를 모든 불의에서 _____ 하실
것이라고 말씀하십니다. 여기서 "사함"이 법적인 사건
이라면, "깨끗케 함"은 경험적인 사건입니다. 그러므로
죄를 자백하는 자들에게 먼저 주님은 그들이 정죄받을
필요가 없다(not guilty)고 선언하시고, 이어서 죄에
따르는 모든 부정적 영향의 총체인 불의에서 경험적으
로 정화하시겠다는 것입니다.

죄는 우리의 양심과 삶의 영역에 상처, 가책, 불신,
증오 등을 낳았습니다. 주님의 용서는 우리들을 이런
모든 어두움의 영향력에서까지 해방하고 우리의 마음
을 새롭게 하십니다. 주님이 그렇게 하시고자 하는 이
유는 그분이 미쁘시고(언약에 성실하시고) 의로우신
(우리가 받을 죄의 형벌을 대신 담당하시고 죄값을 지
불하신) 분이기 때문입니다.

질문 3 스가랴서 3장 1~5절 말씀을 읽고, 요한일서 2장
1,2절 말씀과 비교하며 우리가 하나님 앞에서 검사역을 담
당한 사단이 우리를 참소하는 것과 변호사인 예수님의 변호
내용을 기록해 보십시오.

참소 내용:

변호 내용:

마무리

당신이 죄를 자백하는 생활에서 개선되어야 할 점들을 적어 보십시오.

나의 결심

 **금주의 과제**

1. 요절을 암송하십시오.
2. 경건의 시간을 계속하십시오.
3. 제 7과 "성도가 죄를 범할 때"를 복습하며 감동되었던 점들을 기록해 보십시오.

4. 간단한 시험 준비를 위해 지금까지 배운 내용 전체를 복습하십시오.
5. 새생명반 전체를 공부한 소감을 대학노트 1면(페이지)으로 요약하여 제출하십시오.

   *참고도서-"갈보리 언덕"(로이 헷슨 지음, 기독교 문서선교회 간행).

"죄에 빠지는 것은 사람 같은 짓이요,
그 죄 안에 거하는 것은 마귀 같은 짓이며,
죄를 통해 비통해 하는 것은 그리스도 같은 행동이요,
모든 죄를 버리고 떠나는 것은 하나님 같은 행동이다."
- 롱펠로우 -

망망한 바다 한가운데서 배 한 척이
침몰하게 되었습니다.
모두들 구명보트에 옮겨 탔지만
한 사람이 보이지 않았습니다.
절박한 표정으로 안절부절 못하던 성난 무리 앞에
급히 달려 나온 그 선원이
꼭 쥐고 있던 손바닥을 펴 보이며 말했습니다.
"모두들 나침반을 잊고 나왔기에…"
분명, 나침반이 없었다면 그들은 끝없이 바다 위를
표류할 수밖에 없을 것입니다.

삶의 바다를 항해하는 모든 이들을 위하여
우리는 그 나침반의 역할을 하고 싶습니다.
우리를 구원하신 아름다운 주님을
21세기 문명의 이기(利器)를 통하여
널리 전하고 싶습니다.

우리 나침반 가족은
구원의 복음과 진리의 말씀을 전하며
당신의 믿음 성장과 삶을, 가정을, 증거를,
그리고 당신의 세계를 돕고 싶습니다.

그리스도 안에서
우리는 당신을 진실로 사랑합니다.

"하나님은 모든 사람이 구원을 받으며
진리를 아는 데 이르기를 원하시느니라."
(디모데전서 2장 4절)

새 생명을 위하여

지 은 이 ㅣ 이동원
발 행 인 ㅣ 김용호
발 행 처 ㅣ 나침반출판사

제 29판 발행 ㅣ 2006년 1월 5일

등   록 ㅣ 1980년 3월 18일 / 제 2-32호
주   소 ㅣ 110-616 서울 광화문 사서함 1641호
전   화 ㅣ 본 사 (02)2279-6321~3
             영업부 (031)932-3205
팩   스 ㅣ 본 사 (02)2275-6003
             영업부 (031)932-3207

홈 페 이 지 ㅣ **www.nabook.net**
이 메 일 ㅣ nabook@korea.com

ISBN 89-318-1014-8
책번호 다-1412

값은 뒷표지에 있습니다.

나침반출판사는 우리를 구원하신 아름다운 주님을
21세기 문명의 이기(利器)를 통하여 널리 전하고 싶습니다.